달, 참 밝다

오해옥 시집

시와
사람

ⓒ 오해옥, 2024
저작권에 의해 보호를 받는 저작물이므로 출판사와 저자의 허락 없이
무단 전재와 복제를 금합니다.

달, 참 밝다

작가의 말

다 청마루에 앉아
사랑채 골기와 타고 내리는 빗소리를 듣는다

구순의 엄마가
칠순의 딸을 바라보는 눈빛은 빗물을 닮았다

생각이 멀어지기 전
추억의 부끄러움을 한데 모아 세상에 내어 놓는다

- 죽유종택에서 장맛비 내리는 날
오해옥

달, 참 밝다 _ 차례

서문 · 6

1부 슬픔의 출구

16 슬픔의 출구
18 야생
19 짚불
20 병실에서
21 퇴원 채비
22 꿈 소리
24 4차 맞다
25 코로나 동침
26 찰지다
28 부처님 오신 날
29 돌다
30 약
31 아멘
32 바람부는 날
33 여로

견더낸 아침　34
나팔꽃　35
코로나 방생　36

2부　달, 참 밝다

달, 참 밝다　38
품　39
역주행　40
遠 그리다　41
하루　42
봄 동백　43
다람쥐 이야기　44
조부님, 돌아오시다　46
생각 자라다　49
손주 돌보기　50
모호　51
시작과 끝　52
추억·1　53

54 추억·2
55 추억·3
56 경주댁 할머니
57 소소함
58 시린 눈
60 마니또

3부 비상 준비

64 비상 준비
65 고무나무 사람·1
66 고무나무 사람·2
67 하르방
68 붉은 옷
69 미완성 봄
70 봄, 가불하다
71 봄의 향연
72 봄비 날다

알고리즘　73
용추곡　74
푸른 수채화　75
물들임　76
그냥, 적다　78
어느 꽃　79
나무의 사유·5　80
혼자 치는 테니스·4　82
끼니　83

4부　시간 사용하기

시간 사용하기　86
산유화山有花처럼　87
졸짱게처럼　88
散骨　89
시들　90
첫 경험　92

94 증세
95 애원
96 이별, 카눈
97 떠남, 만류 할까
98 드라이 플라워
99 상사화
100 증표
101 고직사
102 넌 그림 잘 그리지
103 똥
104 나랏님 뽑기
105 삶

| 작품론 |

107 삶, 생명성의 궁구와 가족애 탐구 | 강경호

달, 참 밝다

제1부

슬픔의 출구

슬픔의 출구

앙상한 가슴의 뼈
뜨락의 반송 같아 눈이 부시다

노을에 너무 목말라
이슬 몇 알 맛보고 싶다

울타리 위 갓 여문 호랑이콩
후회하는 소리 들릴 때도
밖으로 실려 나온 발은 시리다

일생도
하루를 사는 일과 같아서
애달파도 서글퍼도
눈물은 보이지 말 일이다

뒤돌아오는 요양원 모퉁이
깔딱대는 깍지 속 씨앗들
놀란 눈초리 무시하고
가을바람 따라 추는 춤

떠밀린 휠체어
나들이에
덜컹대는 심장소리 들린다.

야생

청량한 공기 마시려고
새벽달 품은 적 있다

부엌은 부스럭거림이
본능적인 것처럼

먹고
싸고
움직이고
쉽은 모래시계 속 알갱일 뿐

설원의 경사면을 가로 지르는
토끼와 뭐가 다르랴

움직이기 위해 사는 건지
살기 위해 움직이는 건지

요양 병원
어둡고 긴 복도 끝
허리 굽은 초승달이
하체근력을 기르고 있다.

짚불

막다른 골목 앞은 짚불이다

가슴까지 붉어 오는 노을처럼
지평선 너머는 긴 목구멍

땡볕 속 풀 먹인 광목
말라가며 부딪치는 소리는
울먹거림이다

알곡 다 내어주고 힘들어 널부러지는
불길의 파닥거림 속에서
계기판 속에 그려지는 SPO2!* "0"

시간 가득 퍼 담은 눈빛의 화덕 위로
불러 봐도 요동 없는
눈꺼풀 떨며
화르르, 처마가 타고 있다.

＊SPO2 산소포화도

병실에서

넘어지고
엎어지고
자빠지고
일어나고

할매는 이 땅에서
이렇게 살았다

땅세 좋은 곳 지렁이
자갈밭 속 자갈의 심정
어이 알리

어제처럼
남은 내일을 위해
떨어지는 링거 방울
바라본다.

퇴원 채비

퇴원 한단다, 요양원으로
산소포화도 70% !!
자극에 대한 반응? 사알짝
말이 되지 않는 "말" 퇴원?
갸우뚱대는 머리를 똑바로
그래도 갸우뚱

근무 인계를 받다
○○○씨 어쩌고 저쩌고
근무인계 중이다
○○○씨 가신 것 같아요
퇴원 채비인가

홀로 잠든 섬처럼
파도소리 요동친다

핏기 사라진 영혼조차
이상하게도 섧다
정리되지 않은 靈|肉
삶을 떠나는 그대여
어제와 오늘 사이일 뿐.

꿈 소리

읍내 오외과에 포마드 검은 머리 헤어스타일 멋쟁이 원장님이 계셨다.

예쁘고 귀엽다고 머리 쓰다듬어 주시고 一家라고 치료비까지 공짜다.

어쩌면 간호사가 된 계기일지도 모른다.

봄. 병실의 흐릿한 미등을 등대 삼아 순아, 순선, 군자, 정숙, 병연, 미조, 순남, 옥희, 차순, 분선, 재순, 정년, 영자, 난자, 선이, 정희는 집을 떠나 온 것인지 집을 찾아온 것인지 떠나기 위한 준비인지 보금자리가 된 병실에서 오늘 꿈 소리 귀에 담는다. 자정이 가깝다. 퇴근 전 이부자리를 다독이고 이마를 만지며 지구의 온도를 느낀다. 마을 어귀에 자치기 하는 아들 이름도 부르고, 오일장 갈치 사러간 영감도 기다리고, 바람 피워 서방 찾아간 딸년도 부르고, 스스로 쉬지 못하는 공기 부르는 소리 뽀글대고, 화장실 된 기저귀를 갈기갈기 부수고, 곡우 물 떨어지듯 사려 없이 흐르는 링거액 방울 헤며 "오 헨리의 마지막 잎새"를 연상케 한다. 의식과 무의식의 양 갈래. 思考? 死考? 무채색이다. 터진 혈관과 막힌 혈관. 사라져가는 뇌세포의 조각들. 한 알의 캡

슐로 달래보지만 삭은 수도관의 호소. 꿈 소리 사라지기도 전. 밥 달라 약 달라, 기저귀 갈아 달라 아우성이다.

오늘 밤도 기울어져가는 달을 보며 별이 꿈꾸고 있다.

4차 맞다

병실은 북새통

어제부터 목욕재계 하고
4차 예방접종하면
COVID19 막는다고 말이야

예진표 만지작거리다
호명하고
시주하고

불러도 없는 이름 "박○자"
그리고 "박○문"

하루 전 작성하던 미소
먹던 산소통 속
산소 알 그대로인데

살아있음에 4차 접종 맞아야 하나
내일을 알 수 없는
짧은 미래여라.

코로나 동침

만남은 긴장이다
떨림과 오한
뼈 마디마디 저려옴

스치는 얼굴
행여 그대들 조차 염려됨은
만남의 괴로움은 아닐지

밀리고 밀려 파도 된
생각의 굴레 풀어 봐도
어차피 맞닥뜨리게 한
지구의 숙제

몇 날 며칠 동침하고
가볍게 떠나보내야 함이다.

찰지다

"니기미 씨발, 아파 죽겠다"
찰진 언어 속
통증이란 연민
그녀도 한 때는 범절이 있었으리

"미친년 지랄하네"
"조금 전 식은 밥 한덩어리 묵었는데
와 또 밥이고"
화들짝 식판 밀치다

소리 없이 전자시계 돌아가는
한 올 한 올 뇌세포 엮어서
별 없는 하늘 위 걸어두고
삶의 행로 따라 갈
정거장 속 머무는 객

푸념엔
얼래고 달래는 진통제 한 알 최고지
침상 위 찰진 달램이다
"치매"

"땍찌"
"맴매한다"라며 그녀를 대변하다

애타는 아낙
흩어진 밥알
식판 위에 다독거린다.

부처님 오신 날

떠날 차림 하는 부처님 모시다

눈꼽 달고
베개 이고 물끄러미
천정 향해 중얼거리다
나무아미타불 나무아미타불
나무아미타아~부울

떠난 환우 옆자리 그녀
회한인지 이별의 슬픔인지
추억의 이승 이야기
되새김질 하는지
고인 눈물 머금고 훌쩍 거리다

예약 하려나
꽃비 따라 떠날 그 길 그리며
한 알 탄소화물을 씹고 있다.

돌다

산천초목 빙빙 돌다

어질어질 눈 감으면
내가 빙빙
부셔부셔 눈 뜨면
네가 빙빙

비 내리는 초 봄날
배 통 큰 장골 머슴
게눈 감추 듯
고봉 밥그릇 묵은 김치
한 고개 넘겨

어지럼증 안고
밀린 안정 잘 취하거라
어질병에는 쉼이 최고여.

＊이석증 환자 이야기

약

아파서 먹는 약
다쳐서 먹는 약
배불러서 먹는 약
나아져라 나아져라

응가 하고 싶어 먹는 약
쉬이이, 하고 싶어서 먹는 약
잠자고 싶어 먹는 약
죽고 싶어 먹는 약
살고 싶어 먹는 약

병은 가지가지
약은 千가지 萬가지

풀 한 포기도
관심을 가지면 약초
관심이 없으면 잡초

병아리는 '삐약' 먹는다.

아멘

훌쩍 토스 받은
바람 빠진 배구공이다

반듯한 자세
아련히 인자한 미소
검버섯 없는 모양세
In take, out put
well이다
"도량 팔십 리"라더니
뭐가 그리 바쁜지
"아멘"하면서 연속걸음이다,

"쉬이"도
"응가"도
조절 꼭지 고장이다

"아멘" 약방의 감초
"아멘" 삶의 감초
배구공 벽 높이 걸어두다.

＊알츠하이머 환자를 간호하면서

바람부는 날

개울물 소리 얼어 뒤집어쓴 얼음
IQ 낮은 청둥오리 뒤뚱뒤뚱 걸음마질이다
그래도 사랑놀이에는 상관없다

억새풀 비비대며 울어내는 외로움도
달빛과 속삭이며 바람 피우고
조잘대며 까불어대던 잡새들도
조용조용 바람 피우고 있다

돋보기 뺀 눈으로
詩作하며
바람을 피우고 있다
떠난 사랑을 되씹는 날이다.

여로

백설 위로 수놓은 흔적
살아온 길
살아가야 할 길
살아있는 오늘
내일은 오늘이 없다던데

유난히 오늘은 외롭다
눈알 굴려 눈사람이라도 만들어
눈송이 뭉쳐 귓볼 만들어
혼자가 아님을 녹이고 싶다

오는 길
머무는 길
가는 길
이승 붙잡고 응석이다

어느새 눈물 방울 되어
손바닥 타고 흘러내린다
"외로움"
인간이 가져야할 필수영양소.

견뎌낸 아침

붉은 눈 까마귀 높이 난다 해도
낮게 나는 참새 있어
견뎌낸 아침은 희망이다

할머니의 만딸은 오래 앓다가
흔적 없이 떠났단다
엄마의 둘째딸도
열병으로 어둠 따라 갔다

어슬렁거리는 역병
구렁이 담 넘듯해서
늑대처럼 달려들까 봐
살 소름 마다 세우는 바늘 끝

피 몇 방울로 몸을 감싸다가
뛰는 놈 위 나는 놈 떠밀어낼
방패를 찾는다

팬데믹 델타변이
내 몸에 달려들까 봐
면역 갑옷 걸쳐 입는다.

나팔꽃

서리 오기 전 파랑 보라 분홍 나팔꽃들
줄기의 남은 진액을 빨고 있다
더 찬란한 치맛자락 바람 따라 흔들어
틈나면 울타리 기어올라 겉치레한 얼굴 벙긋
머지않아 너의 화냥기 꺼먼 눈알이 될 걸
덜그럭 의치소리 낼 걸 나는 알지
배배꼬여 껴안는 하늘 외줄 타는 링거로
촉촉하게 적신 물 마른 대궁이

나팔꽃 말라 비틀어져 바람에 흩날릴 때까지
시끄럽다,
개똥밭에 굴러도 이승이 좋다고.

코로나 방생

몰려온 구름 떼 어두운 심장을 두드린다
뜬소문 따라 기웃거리는 왕관 쓴 마귀
물 한 모금 마시고 올려다보는 햇병아리의 하늘을
시커멓게 먹칠하기 바쁘다
여백이 어두울수록 꽃은 더 피고
핑크빛 물감 듬뿍 찍은 아이의 붓은
동그라미에 벌 한 마리 그린다

휘리릭 훽이 떠나거라
쥐고 있던 풍선을 꽃비 속으로 날린다.

제2부

달, 참 밝다

달, 참 밝다

물 찬 놈
알 찬 놈
한 움큼 잡힌 고놈들

볶은 놈, 삶은 놈
인생 맛 모르는 생콩
그래도 콩,콩,콩

궘장어른 초저녁 잠 틈새
달밤 콩서리
고소함도 짜릿함도
한 때의 노략질

어릴 적 조무래기 동무들
그리워지는 밤
콩 익는 소리
수수 잎 비비는 소리
추억들 꺼내보는 밤

달, 참 밝다.

품

오징어잡이 배 불빛이 휘황한 것은
돌아갈 수 있는
항구가 있기 때문이다

깜빡대는 별빛 자리는
엄마의 가슴이다

오징어 눈빛 마주 바라보다
서로가 등대인 줄 아는 것도

교사, 학생
여자, 남자
달빛, 별빛
하늘, 땅
필요에 의한 마주보기도

기다림의 순리다

통영에 가면 연필 등대가 있고
송림에 들면 엄마가 있다.

역주행

가던 길로 계속 가거래이
돌아보지도 말고
더도 덜도 돌아오지는 말거래이
입시 시험장 가는 손주에게
할머니는 신신당부를 했다

쭈뼛! 솟아오르는 머리카락
자동차 전용도로 곡진 길은
기름 자국 아직도 흥건하다

장난감 자동차에서
굴러 떨어진 인형처럼 뒹굴어버렸다

깨어나 보니
떠난 자리로 돌아온 제비
아직도 이승에서 호흡하고 있다.

遠 그리다

오래 살면 큰 원
짧게 살면 작은 원

어제 다르고
오늘 다르고
내일은 또 다를거야

"이제 늙었어, 다 늙었어"
팔순 同媤에게 한 말
"나는 오래 살아서 잘 몰라"
한 세기를 살아온 그녀
일백이 세의 나이테
큰 도서관이다

갈 채비 못하는 엄마
"너무 살았제, 너무 살아서 미안하다"
새 봄
새순 달고 수양버들 머리 풀다.

하루

엄마는 오늘 등급을 받았다
"노치원 합격증"

작아지는 엄마
커지는 손주

생각을 키우는 손주
떠나는 생각을 잡는 엄마

손주는 미래가 있고
엄마는 오늘만 있을 수 있지

손주 유치원 데려다주고
울엄마 노치원 모셔다 드렸다

난, 바쁘고 맛있는 샌드위치다.

봄 동백

하얀 모자 빨간 머리 위 눌러 쓴
울 엄마
함박 웃음 속 금니 보인다

파도 타고 오른 장사도
가부좌 틀고
갓 시집온 새악시처럼
붉은 미소 꽃 피운다

봄 바람에
엄마의 붉은 웃음꽃 보는 일
동백기름 바를 때쯤
봄바람 살랑이겠지

파도 향기 귓속 깊숙이 담고
동백꽃 피는 소리 가슴에 품다.

다람쥐 이야기

 낭 끝이다. 참나무 뿌리가 흘러내리는 흙 잡고 있어 다람쥐와 마을 아이들의 놀이터였다. 모두가 도시로 떠난 인적 드문 마을. 두어 가구와 다람쥐와 노인뿐이다. 나의 할머니 경주댁. 백발 비녀머리 모시적삼. 내가 시댁으로 돌아 갈 때면 이곳 낭 끝에 앉아 승용차 꼬리를 보고 손 흔들어 주셨다. 스무 해쯤 지난 지금은 내 자식의 할머니가 그렇다. 또 스무 해가 지나면 내가 그러겠지, 손자에게.
 "엄마의 세월" 사대봉제사 불천위* 모시고 길흉대소사 기리시랴 종부의 자리는 하루도 반짝한 날 없었으니 조상이 종교였지. 나에겐 추억이었다.
 핏기 없는 할미꽃 되어 산 자갈밭 봄맞이다. 육이오 잔재, 시부의 행불, 풍비박산 난 가문 재건하신 할머니. 혹독했던 할머니의 시집살이, 참고 견딘 엄마의 순종이 장하디장해 살포시 잠든 곡진 주름살 만져본다.
 구순의 백발. 머리 염색하고 기억이 떠날까 봐 꽃분홍 옷 입히고 손톱 위에 빨강도 얹어 보았다 유치원 졸업하는 증손과 윷놀이 하다. 엄마께서 주워온 알밤과 도토리 윷말 놓으며 승부조작 얼래고 달래

44

고 설래가며 만든 잠시의 웃음도 만들었다. 도토리 알 성냥개피 꽂아 팽이를 돌려본다.

 개똥밭에 살아도 이승이 좋다는 말이 왜일까. 저승으로 이민가신 분들이 돌아오지 않음이 왜일까. 돌아가는 날까지 "잘 살고 간데이."라고 말하는 사람이 있을까.

 엄마는 다람쥐다. 도토리 묻어 둔 곳은 모르지만 입 속에 든 도토리 헤아리기쯤은 누워서 떡 먹기 정도다. 다람쥐처럼 산 바닥에 참나무를 숨겨 나의 손주들에게 추억을 그리는 참나무 숲을 만들 수 있을까. 참나무 그늘이 있는 곳으로 소풍 올 수 있게, 엄마처럼.

＊불천위: 예전에 큰 공훈을 세워 영구히 사당에 모시는 것을 나라에서 허락한 조상의 신위를 이르던 말.

조부님, 돌아오시다

"정호야, 제석 가지고 오너라." 평소에 왕림하시던 분은 절대 아니었다.
"엄마, 어떤 할배가 제석 가지고 온나, 한데이"
문구멍 유리 사이로 내다보시는 할머니, "아이구, 정호야 너거 아부지다."

난, 다섯 살짜리 소녀였다. 삼촌과 사랑방 부엌에서 쇠죽을 끓이고 있었다. 땅콩 줄기를 태우면 오다가다 떨어진 콩알도 주워 먹고, 고구마도 구워먹기도 하고, 무쇠 가마솥 뚜껑 두드리며 동요도 불러주기도 하고, 산수 숫자 놀이도 하였다. 육이오는 우리 가족의 아픔이자 조국의 고통이었다. 남편이 떠난 자리. 할머니께서는 여장부, 종부로서 종택을 지켜오셨다. 육이오의 북새통. 풍비박산 난 종택. 가족은 뿔뿔이 흩어서 겨우 생명이라도 부지하였고 할아버지께서는 총살 직전 멀리 몸을 피하셨다. 뒷산 언저리 깊이 묻어둔 훌륭한 조상의 얼은 국가지정 문화재가 되었지만 할머니의 숭조사상이었다.

스무 해 이상 젯상을 받으신 할아버지가 돌아오셨

다. 고모 둘, 작은 할머니까지 함께 오셨으니 갑자기 한 끼 식사하는 식구가 계란 반판이었다.

향수병에 찌든 할아버지는 그래도 당당하셨지만 고생하신 할머니께는 관대하지 못했다.

나의 오남매가 공무원이 된 사유이기도 하다. 사범학교를 졸업한 아버지, 행시 3차에서 낙방한 삼촌, 학사장교 직전에 실패한 여동생도 시대의 피해자였다. 작고한 아버지의 한이기도 하였다.

얽히고설킨 가족이라는 소사회. 나, 내 자식. 자식의 자식이 생겨 그래도 소실되어가는 뿌리에 대한 개념, "어쩌다 생긴 나"보다는 "선택 받은 나"로 태어난 귀중한 존재임을 깨닫게 하는 역할은 나의 몫이었다.

돌아오신 할아버지, 작은 할머니, 고모, 여장부 할머니가 자손들에게는 병풍이 되었고 사춘기였던 삼촌, 유년생이었던 나. 모두가 깊숙이 노을진 할아버지 할머니가 되었다. 쪽비녀한 할머니가 아니고 턱

수염 긴 할아버지가 아닌 함께하는 조손이 되면 참 좋다. 박하사탕 한 개의 달콤한 사랑. "할머니, 따랑해요."

"오구구. 할머니는 하늘땅만큼 사랑한데이."

손자의 전화다. "할머니가 왜 태민이 보러 오시지 않죠?"란다. 기다림. 관심.

행복한 할매다.

생각 자라다

"함모니, 구름이 화가 났어요
하늘이 슬퍼 눈물 흘려요
왜 그럴까, 다민아"

"으음, 바람이 흔들어 많이 아팠나 봐요"

밤에도 비가 와요, 바람은 잠자는데

노란 장화 신고, 노란 우산 쓰고
핑크 장화 신고, 핑크 우산 들고

바람과 비 꼭 안고 "함모니, 우린 세트죠?"

뇌세포 불어나는 소리
입이라는 출구로 떠밀린 생각이
제 발로 걸어 나온다.

손주 돌보기

조심조심 걸어라

조심을 도심으로 알아들은
여섯 살 배기 손주
꽃 중에 꽃
별 중에 별
사랑 중 사랑이 아닌가

"함모니도 도심도심 하세요"

먼저 핀 고사리
어린 고사리 내려다보듯
훈훈한 베란다

아웃트라인 스티치처럼
꽃송이 주위를 맴돌며
조심조심
나 지키고 있다.

모호

엄마가 좋아,
할머니가 좋아?

으음
아빠가 좋아

아빠가 좋아,
엄마가 좋아?

으음 엄빠

당하다, 할미는
한판 패.

시작과 끝

먼동과 노을 사이
초록과 붉음 사이
잘도 익어 간다네

바람과 노래하고
천둥과 짝자꿍 하고
쉴 자리로 온 새들 숲 속 비빔
비타민 한 움큼 주는 햇살

할매와 손주
폭풍우와 이슬비
망망대해와 도랑물

지구는 둥글다
그리고 쉼 없이 돌고 있다

현재 진행형이다.

추억·1

추억을 꺼내보니
어느새 훌쩍거림 느끼다

갈비뼈 지나 심장까지
그리움과 공허함 은설 되어
댐 물 위 가로지르다

당신과 함께 하던 길
너무 그립다, 보고 싶고.

추억·2

그곳
상단 가장자리에 돗자리 깔다
밤꽃 향기
콧등 위로 흘러내려
헛웃음 만들 때

푸드덕 하늘 나는
까치 한 쌍
사랑놀이 중
인기척 깜짝 놀라
따가운 햇볕 가르다.

추억·3

무상무념 모르고
잎새 사이 햇살 보인다

찰나라도 좋으니
숱한 사연 피해
산발치쯤에서
랑데뷰라도 어떨까

그리움과 기다림 버물러
절체절명의 즐김이어라.

*고령문협 야유회 중 합천댐에서

경주댁 할머니

어릴 적 할머니 심부름 이야기
10km 걸어가면 술도가酒都家가 있었다
"경주댁"은 울할머니
도갓집 할머니 택호
푹 익은 노각 절반으로 잘라 씨를 오려내고
긴요한 편짓글 적어 넣고
뚜껑 닫아 무명실로 동여매어
도갓댁에 전하는 심부름
신작로 돌맹이 차며 한나절을 갔지

답글과 함께 박하사탕 몇 알 빨며
되돌아오는 길은 금방이었다
경주댁을 오가며 우체부 역할 했다
편짓글의 내용은 모른다
알려고도 하지 않는다.

소소함

딸이라고 받은 인연
형제라고 받은 인연
엄마라고 받은 인연
할미라고 받은 인연
간호사라 받은 인연

나만의 특권이다.

시린 눈

앙상한 잡목 산가슴 품고
가끔 버티고 서 있는
장송 병풍 속으로
바람에 또 밀려
케이블카로 노자산 오른다

갓 개봉한 향수병처럼
계곡 향기 진한 무취다
발가락 끝까지
산소가 느껴진다

잡목 아랫도리 비닐봉지 열려
헌액 받는 노인네
흘러내린 반달허리다

하늘 구름 찾다 찾다
힘든 고개 떨구니
에메랄드빛 윤슬이다

지구 속

왜 이렇게 사연이 많을까
살랑살랑 춤추는 윤슬
봄 햇살과
잔물결이 잉태한 신의 섭리
부시다 못해 눈이 시리다.

마니또

어긋남과 맞춤도
삶의 이야기

종착역 보다 간이역이
쉬어감은 더 편하지

가슴 설레이고
머리 떨림은
다음 기차를 기다리는 기대감

선택의 여지
시집 못간 노처녀
"밀당"이라는 매력과 특권

어제 있던 새벽
오늘 또 창조되어
하루살이처럼 앵앵거려본다

먼동이 트고 알람이 울면
하루라는

마니또 한 올 다가오리니.

＊고령문협 산청골 기행에서 마니또 찾기.

제3부

비상 준비

비상 준비

들락거리는 어미 새
우체부 다녀가지 않은 적막 공간에
다섯 개의 알 낳았다
그날 이후
무거운 소포라도 던져 놓을까
"새집입니다", 포스트잇으로
우체통 입구를 가로 막았다

집 짓는 새보다 장보러 간
소리개가 무섭다고
어미새 부부 행여 알 훔쳐 갈까 봐
가까운 전봇대 위에 올라 망을 보니
오늘 아침 우체통 틈새로 노란 주둥이들
갓 핀 개나리꽃처럼 벌렸다

소식 없던 우체통은 그대로인데
새 소리 알림은 방전 직전의 휴대폰
열어보니 당차게도
손자의 첫걸음마 동영상이다.

고무나무 사람·1

집에 가야 한다고,
누가 서 있다

석 달 열흘쯤 밥 구경 한 건지
탈수가 일어난 파실한 흙
찰고무줄 같은 귀 쫑긋거린다

컵 씻다 버리는 물로
L-tube 속으로 주사하면
빼빼하던 얼굴이
사탕 입에 문 아이처럼 방긋

요양병원 엘리베이터 문 열리면
오늘도 묻어갈 수 있을까
몇 장 남지 않는 월력
가뭄속인데도 생겨나는 생기
손바닥까지 펄럭인다.

고무나무 사람·2

불 안 붙인
담배 한 개비 꺼내 문 여자
엘리베이터 앞에 외발로 서 있다
어딜 가려는지 안 봐도 안다
수인사 나누기 전
반쪽이 말라버린 고무나무
간병사는 마사토를 쏟아
죽은 뿌리를 잘라낸다

당뇨로 한 다리 절단한 여자
심통은 그저 담배 한 개비 꺼내 무는 것
엘리베이터를 타고
사라진 다리를 찾으러 간다고

태어남과 돌아감이 한 곡선
화분에서 헐거워진 고무나무 이마를
쓰다듬고 있다.

하르방

돌 속에서
은빛파도가 달려온다

구멍 숭숭한 가슴
바다풍경 수채화 한 폭 걸어두고
낙엽의 귓불을 간질거림
입맞춤을 하면
해심의 명줄은 거기까지

잠든 물새를 깨워 무얼 하겠다고

공전하는 혀 놀림
육덕 좋은 삶의 고리 지심 따라 귀근하는
섬 거기, 돌의 안쪽에는
곱씹어 오늘을 견디는 한 움큼 단당류

들꽃 닮은 그대의 미소는
하르르 꽃으로 피어오르는데.

붉은 옷

피고 지다, 한 번
피고 지다, 둘
피고 지다, 셋

적막에 속 갇혀있던 연인의 사랑이
사막에 토해놓는 열정이다

모자라는 피를 수혈해 주는
너의 시나리오는 간결했다

창백한 하늘에게 땅이 올리는 피로
제단의 나무는 붉어졌다

수혈이 끝나면 어디로 놀러가지?

가을이 오는 길목
배롱나무 붉은 옷 꺼내 입는다.

미완성 봄

바람 난 년처럼
횡한 삼성산 오솔길 걷는다

생각이 추워
앙상한 품속까지 한껏 안겨본다

어디선가 봄 낌새가 어른거려
맞이할 차렴이 되지 않은 채
바스락대는 봄을 가진다

먼저 본 년이 쟁취한다고
다가오는 봄을 껴안고 욕심을 챙긴다

웅숭깊은 골짝 뜨락에 앉아
봄 다발을 무겁도록 안고
달래, 달래
진달래 기다린다.

봄, 가불하다

움 트임,
산길 어귀 봄이 볼록하게 나온다
찔레 열매 마지막 하나 따 먹던 녀석
새대가리까지 봄에게 맡기고
흔적을 지운다

돌고 도는 윤회 앞에
길들여진 시간
돌아올 수 없는 무한의 세계가
아니어서 더 다행이다

어제 걷던 자리 그 바람이
오늘 더 포근해짐은
늦은 겨울 보내는
환상의 기다림이다

개나리, 진달래, 할미꽃 느지막한 철쭉까지
성숙하지 않은 향기를 잘 데려오겠지.

봄의 향연

도둑처럼 왔다가
가스처럼 사라진 바이러스

금강송 위 붉은 꽃 열리고
쥔장 어른 가슴 속 응어리
고추잠자리 날려주는 냉수도
목마름 해결해 주지 못하지

길거리 몰려나온 붉은 연인들
열망은 잘살기 필살기
작은 배려도 좋으련만
더 작은 용서도 괜찮으련만

라면 광고처럼
"형님 먼저, 아우 먼저"
신화 되어 사라진 지 오래.

봄비 날다

별이 가려지더니
봄비 날아오다

처마 끝 봄비 소리
모처럼 초연해진다

생각의 날개 펼치고
뇌액 흐름을 감지하며
추억 하나하나 꺼내본다

설레는 봄비
퇴색되지 않는 사랑
누구에게나 그런 추억은
명치끝 간직한 보석

움튼 자리마다 세월이 걸려
보고 싶은 그리움
잠 못 이루는 이유라지.

알고리즘

사랑하고 싶다

눈뜨는 아침도 이글대는 정오도
빛 따라 해거름까지
그물에 얽힌 새우처럼
바다 품에서 파닥이고 싶다

노을 붉은 당신과
약속하지 않아도
그 자리, 그 틈바구니

변치 않는 건 계획을 세우는
그 순간의 첫 감정

따개비와 바위에게
철썩 처얼썩
순환하는 사랑이야기 듣는다

거센 파도가 쳐도
찰싹 붙어 살아가고 싶다.

용추곡

햇살에 그을려
나무 콧등 간지러울 때 자귀꽃 핀다

붓질하는 바람이 내려 놓은 볼 터치
나무 한 켠 관자놀이에
핑크 빛 노을 번진다

지나가는 나그네에게
아양질 눈길 보내 볼까

너라고 아픔이 없고
그리움 하나쯤 없으랴

애써 무표정 하늘에
장마가 든다 해도
첫날밤 기다리는 너의 창문 아래
자귀꽃 귀를 연다.

푸른 수채화

파도소리 따라 내려가다
백사장만으로는 바다가 심심해
갯바위를 그린다

쪽빛 바다를 사이에 두고
섬은 육지를 그리워하고
하늘은 가끔 구름을 서신처럼 보낸다

누군가는 가고 또 누군가 오는 길
함께 구름을 타야
연인들 사랑은 둥둥거린다

나, 무엇을 위해 무엇을 원해서
두 손으로 소금물 한 움큼 떠
짭조름 입맛 다시나

누가 알려주지 않아도
사랑은 달콤하다고
푸드득 한 쌍 갈매기
구름 너머로 날아 오른다.

물들임

장독대 가지런한 옹기들처럼
옹기종기 잠든 모습
서른 명이 넘는 동자승들 꿈속은
어떤 이야기가 펼쳐질까

잉태에서 출생까지
몸 빌려 이 땅 위에 솟아 오른 태양
맘 빌려 주지승 닮아가는 물들임

겹겹 솔바람 숨소리 귀 익고
걸음망 없이 흐르는 산소 씹으며
정형화 되지 않은 사연

산사 사계는 동자승 세계
봄이면 꽃 물들임
여름이면 뙤약 물들임
가을이면 단풍 물들임
겨울이면 눈 물들임

어른이 되면

어떤 물들임 되어있을까
장독대로 가부좌 틀고 있는 스님들
온 몸이 반짝이고 있다.

＊서른 명 동자승이 사는 곳을 체험하면서.

그냥, 적다

상처 없는 영혼
머릿속 헤집고 들어오는
역할극 해 본다

멋진 풍광 뒤로
바다에 어둠이 내려 앉고
크루즈 위 얹힌 어리석은 인형 되다
노르웨이에서 출발해 덴마크 가다

마음을 주고받는 것이 대화라며
도란도란 속삭이는 파도 소리
긴 호흡 모아 어둠 위로 던져도 본다

갑판 위 햇살 움켜잡고
바다 위 담긴 파도 보는 것이 행운이고
목적 없는 파도 사랑도 행복이다

어느 농부 사랑으로 열린
튤립의 향연 덴마크의 봄 풍광
부침의 시간 위해 그리워 할 것이다.

어느 꽃

도도함도
오만도
아름답다

담장 밑 발치
작은 미소

햇살 부스러기 하루치 양식인 듯
앞닐 뜯어 먹다가
몸부림 깊어질 때

솜털 날려 날아오르는
꽃.

나무의 사유·5

바다를 오래 내려다보던
동백나무가
잎으로 흡입한 파도의 결
가슴에서 일렁인다

품을 수 있는 시야가 내게 있다면
난, 거가대교를 걸어 볼
세상을 어디서나 읽을
자격증 하나 손에 쥔 거야

속은 바다라면서
바다를 만나 바다가 된 내가
긴 터널을 건너는 것은
뻥 뚫린 사유를 만나기 위해서 아닐까

은빛살결 속 넙치의 입맞춤도
꼬리치는 말미잘 교태도
동백나무 뇌 속
작은 세포 움직임에 불과했다

그러니 지나온 하루는
다가올 시간 속
작은 헛웃음일 뿐이다.

혼자 치는 테니스·4

터벅거리며 걸어오는 둑길
달이 밝다

함께 걷는 달을 향해 스윙
바람 따라 팔 일렁거려본다

공기 찬 두어 송이 달맞이꽃
너도 노랑이라 주거니 받거니
그리고 또 받아내다가
테니스공이 아니어서 깜짝 놀랬다

속사랑 깊은 달의 눈빛 아래
혼자 걸어오는 길, 스매싱 하는 소리에
참새부부 화들짝 놀라는데

달빛도 참새도 귀 쫑긋
"그래, 넌 혼자일 수 없어"
외로움 날려 보내는 연습기 앞에서
내가 나를 받아 친다.

끼니

배꼽 도려내어
알배기 묻은 자리
감자꽃 핀다

보라 순백 양 갈래
하얀 핏자국 흘러 내려
아래 녘 어디쯤
숭굴숭굴 감자 여물어
주렁주렁 매달렸으니

감자는
예수의 갈비를 닮았다.

제4부

시간 사용하기

시간 사용하기

낙타처럼 모래바람 속 걸어온 먼 길
눈물이 다시 고여 오는
우연인 듯 만난 오아시스에서는
사막의 주인공인 적 있었지

탯줄 끝에 열린 그 놈
시간이 데려간 하늘 본다

백발 아래로 흘러내리는 흐느낌은
억울함일까, 설움일까
이렇게 살았노라! 통쾌함일까

살다가 만나는 정거장 모퉁이
덜컹대는 침대의 무게감

"깻잎 따고, 쌀 씹고 물마시고, 공기는 삼켰다"
이렇게 살았다는 고백을
천사의 손 체온이 녹일 때
껌뻑껌뻑 남겨진 시간이 젖고 있다.

산유화山有花처럼

헛웃음도
들어 주고
울어 주고

마감하는 여기와
또 준비하는 거기의
분주함 사이

피었다가 지는
이름 없는
꽃들

우린 친구다.

졸짱게처럼

졸짱게처럼 살았다
화폭에 삼동 추위를 올리는데
근심 하나 데려온 나는
구워 먹고 지져 먹고 회쳐 먹고
빈 곳간 탓하며 살았다

돌 틈 비집고 나와
빈 몸으로
봄 앞에서 부르는 여흥의 노래
앞으로 기나 옆으로 기나
가야 할 바다는 멀고
가시나무 곁을 지나

바람 결 따라 일렁이는 구름 앞에
헐떡거린다.

散骨

비행하는 미세먼지 그렇고
춘설 묵화 위 별 떼 그렇다
새로운 통계치 되어버린
꼬맹이 희귀암 소식
벼룩 한 마리 소탕하려
초가삼간 태운 격
파김치 되어간 숯 조각이라

이리 뚫고 저리 꿰맨
리모델링 된 집채도 아닌
작은 지구 하나
진흙에서 건져낸 미꾸라지
팔딱거리는 호흡 점
한 줌 마음까지 숙성시켜
달군 무쇠솥 800도
아가미 속 한 줌

갯바위 모서리일까
달아나는 바람꼬리일까
산골 골 깊은 어귀일까.

시들

얼음이 물 따라
물이 얼음을 녹이는 소리
버들강아지 하품이다

다섯 해 전
癌 뭉치를 안고
"꼭 이겨야지 이대로 갈 수 있겠나"
참, 참, 참

겨울이 밀쳤는지
봄볕이 삼켜 버렸는지
꽉 잡은 손 슬그머니
상사화 새싹에게 맡기고 그만

머릿속은 詩
점쟁이 씨부리는
언어 조각처럼 말고
動靜脈 속 흐르는
심박처럼 살아있는

詩들이 시들해지면
말 없는 봄처럼
겨울잠을 깨운다
"글 공부는요"라며 팩트가 온다
채찍질, 朴詩人.

첫 경험

정적만 쌓인 밤
들숨날숨 쉬어 대는
가파른 호흡 소리

느낌은 나만의 시간이고
견우와 직녀의 속삭임이고
새로운 도전
언제부터인지 느끼고 싶었고
혼신을 다해 나의 것으로 만들고 싶었다

창문 사이 보이는 빛
가로등 사이 십자가 불빛
시간 밝히고 있다
간호사 면허 취득 후

통증의 몸부림 침대 삑삑대는 소리
망망대해 항해하는 통통배처럼
밤 세계 항해하는 영혼들 옆

짧지 않았던 思考의 길

길지 않았던 간호사의 일
삶의 대부분이었다

"야간 근무"
나의 첫 경험, 짜릿함이다.

증세

흐릿한 눈 앞으로
슬금슬금 다가온 두통이
'건조증'이란다

닿지 않는 등 골짜기
효자손으로 긁다
'건조증'이란다

품고 싶은 교태도
살 부비고 싶은 절절함도
오래된 흙담처럼 허물어지고

느려진 마음조차도
'건조증'이란다

오징어는 건조해야
씹는 맛이 있다던데.

애원

겨울 삼성산 끝자락쯤
하나, 둘, 셋씩 날아가는 추억
나에게 더 머물러 달라 애원한다

늘어나는 나이테가 신의 섭리라면
지구의 병마는 어쩔 수 없는 자연의 순리
지나간 아픈 추억을 데려와
바람결에 씻어도 본다

그래도 "비 풍 초 똥 팔 삼"은 시상하부에 걸려있다
새벽달은 산위에 둥둥 떠 있다.

이별, 카눈*

기차 떠난 자리 허전하고
아버지 떠난 자리 긴 아쉬움
당신이 떠난 자리 그리움 쌓이고
태풍 떠난 자리 안타까움 소리
삶은 이별이다.

＊태풍 카눈을 보내며

떠남, 만류 할까

비 내린다
느즈막한 봄날 요단강 언저리에

밀당 같은 인생길
조약돌 속삭임처럼
나무아미타불 정근하다

백발의 흔들림
향물 묻혀 가지런히 여미고
한 올 잡고 잘 떠나거라
이것을 하직이라고 할까

고목나무,
봄 낙엽 하나
수묵화 되어
요단강 위에 떠 있다.

드라이 플라워

큰아이 졸업 때도
친구 테니스 시상식 때도
손자 유치원 졸업 때도
보랏빛 꽃을 마련했다

물 먹이고
소독하고
한 알 비타민 먹이지 않아도
오롯이 머금고 있는 아름다움

영혼을 간직한 보라송이
항아리 안고 풋풋하다
버리지 않는다면
넌 항상 내 편이되리라
스타시스 몇 송이
癌
그 놈은 보라를 싫어한데.

상사화

그리워하다 말고

그리움을 찾아가는 뜨락에

소복 입고 나앉은 여인이 있다

눈 코 입은 지워지고 출렁이는 긴 머리카락

흰 머리카락 숭숭 솟구친 정수리 가마에서

모락모락 질경이 타는 저승길 냄새.

증표

 아무도 오지 않은 길은 아무도 가지 않은 길일 수도 있다. 누구도 밟지 않은 단풍 든 망개나무잎들이 지운 길은 나보다 먼저 오래된 허공을 가졌던가? 말라버린 쭉정이 기억들이 바람에 쓸리는 소리가 난다. 한때 찔레꽃이 붉었고 온몸으로 사랑을 나누던 메뚜기가 소리 없이 사라진 길. 커튼 같은 잎을 버리고서야 망개나무는 가려졌던 길이 수직으로 오르는 길임을 보여준다. 익을 대로 익은 열매를 주름진 목에 건 나는 캄캄한 어둠 속 찔레 덤불 속에서도 나를 알아봐 줄 누군가를 만나러 간다. 프로스트처럼 가지 않은 길을 두리번거린다.

고직사

눈도 내리지 않는 겨울 끝자락
유생들 글 읽는 소리 들릴까

넘어지다 다시 일어나는 물푸레나무는
아직도 고직사다
서원에는
깡마른 모란 줄기가 스승이고
매화나무 가지 끝 꽃봉오리가 제자다

가슴이 시커멓게 탄 오죽은
고지기 아비를 둔 아이 닮았다

댓돌과 기둥은 옛날 그대로
태어나 처음 가 본 도산서원

이곳, 저곳이
눈 안에서 돋은 다래끼처럼
익숙한 걸까.

넌 그림 잘 그리지

피카소는 그림을 13,500점이나
그렸단다

그리고 지우고 그리다 버린
쓰레기통속은 뒤돌아보지 말기

옹달샘 속 네 얼굴
배경은 하늘그림이었어

참 예쁜 그림으로 공ball 치고
때로는 천연덕스런 눈빛으로 空을 치고
Head down position는
피카소 그림인 걸 알았다

벤치 위 길게 앉아
즐기고 느끼는 空치기에서
흘러넘치는 초침 소리

공ball 치자, 13,500게임 피카소처럼
공에 상사병 걸린 여자처럼
난, 테니스를 좋아하지.

똥

똥으로 시작
똥으로 끝남

변색된 똥
생각을 잃어버린 그녀
똥 뭉쳐 토스다

똥,똥,똥

빵 터짐
속 터짐
똥 터짐

똥이 돈이다

한 여인은
돈을
조물락거린다.

나랏님 뽑기

첫 손녀 신입생 면접날
"이름이 뭐니"
조잘대던 기세는 어디로 가고
"선생님, 떨려요"

SNS나 TV
한 명의 선수를 선택하기 위해
오천만 명 면접자가 있다

내면의 세계까지 까발리고
가을 고구마 줄기처럼 얽히고설킨
사돈의 팔촌까지 흠집
겨자씨 같은 영혼까지
탈탈 털리고 있다

면접은 답이 아니고 변명이다
단답형 시험이 어떨까.

삶

바위 옆구리에 붙은
돌멍게
검게 타버린 사랑
'모정'

바람이 살고
파도가 살고
몽돌이 살고
돌 멍게 사는 세계

애 많은 여인
빗줄기 업고
파도 따라 뛰어든 심층
삶을 바친 그 곳
해녀들의 사랑,
거제도 앞바다 봄바람
삶의 자랑질이다.

| 작품론 |

삶, 생명성의 궁구와 가족애 탐구

강경호
(시인, 한국문인협회 평론분과 회장)

| 작품론 |

삶, 생명성의 궁구와 가족애 탐구

강경호
(시인, 한국문인협회 평론분과 회장)

1.
『달, 참 밝다』는 오해옥 시인의 두 번째 시집이다. 시인이 시를 통해 상상력을 발현하는 공간은 그의 직업과 무관하지 않다. 간호사이기 때문에 병원에서 만나는 정서적 사건들을 통해 시가 발화한다. 특히 그가 요양병원이라는 특수한 공간에서 생활하기 때문에 노인환자들의 생활 모습과 그들의 감정을 시로 형상화시켜 삶의 궁구窮究를 노래한 작품들이 주류를 이룬다. 이러한 오 시인의 시세계는 노인문제에 관심이 많은 현실을 반영하고 있다는 측면에서 유용하다.

오 시인의 시에서 생명성을 노래한 시편들은 그가 병원에서 환자들의 삶을 지켜보는 직업 때문에 특별하게 생명성에 천착한 것이 아닌가 하는 생각을 갖게 한다. 생명성에 대한 그의 따스한 시선은 요양병원 노인 등 인간 뿐만 아니라 알을 품는 새, 나팔꽃, 화분의 고무나무, 배롱나무, 자귀꽃, 감자 등 동물성과 식물성 모두에 지극한 마음을 보태고 있다.

오해옥 시인의 또다른 시적 관심은 가족애를 드러낸 시편들이다. 어머니와 조부모, 그리고 손주에 대한 애잔함과 애틋함이 그의 시선에서 묻어난다. 이렇듯 가족애를 보여주는 그의 시는 "작아지는 엄마/커지는 손주" 사이라는 시인의 위치가 시인이 밝혔듯이 '샌드위치'처럼 놓여 있기 때문에 위 아래를 바라보는 독특한 시선을 가지고 있다.

이러한 시적 세계를 탐구하는 오해옥 시인의 이번 시집 『달, 참 밝다』는 그의 시가 시인 자신을 바라보기보다는 타자에 대한 관심과 사랑에서 출발하고 있다는 측면에서 서정시가 지녀야 할 덕목을 잘 갖추고 있다.

2.

서정시의 가장 큰 특징은 시인의 감정을 드러내보이는 일이다. 다시 말해 서정시는 인간이 호흡하는 다양한 모습을 반영하는데 있다. 그렇다고 가시적인 현상을 형상화 시키는 것만이 아니라 시인의 감정을 개입시켜 감흥을 주고 있어 주목된다.

오해옥 시인의 이번 시집에서 연민과 측은지심, 그리고 따스한 마음을 담아내는 시편들은 간호사

로서 요양병원의 환자들인 노인들의 병환과 관련된 다양한 모습을 형상화시킨 작품들이 큰 비중을 차지하고 있다. 생과 죽음의 사투를 벌이고 있는 환자들을 통해 존재의 의미와 본질을 탐구하고 있다는 측면에서 오해옥 시인의 시가 추구하는 것이 무엇인지를 드러내고 있다.

> 앙상한 가슴의 뼈
> 뜨락의 반송 같아 눈이 부시다
>
> 노을에 너무 목말라
> 이슬 몇 알 맛보고 싶다
>
> 울타리 위 갓 여문 호랑이콩
> 후회하는 소리 들릴 때도
> 밖으로 실려 나온 발은 시리다
>
> 일생도
> 하루를 사는 일과 같아서
> 애달파도 서글퍼도
> 눈물은 보이지 말 일이다
>
> 뒤돌아오는 요양원 모퉁이
> 깔딱대는 깍지 속 씨앗들
> 놀란 눈초리 무시하고
> 가을바람 따라 추는 춤

떠밀린 휠체어
나들이에
덜컹대는 심장소리 들린다.
									- 「슬픔의 출구」 전문

　화자는 환자를 휠체어에 태우고 요양원 주변을 산책하고 있다. 환자가 "앙상한 가슴의 뼈"를 드러낸 것에서 짐작할 수 있듯이 야위어가고 있다. 이러한 모습을 키가 작은 "반송 같아 눈이 부시다"고 한다. 날씨가 추운 날이었을까. "밖으로 실려 나온 발은 시리다"고 한다. 산책길을 다녀오며 "요양원 모퉁이/깔딱대는 깍지 속 씨앗들"을 본다. 씨앗은 새로운 생명을 펼쳐나갈 미래의 생명으로 화자는 씨앗들에서 삶과 죽음에 대한 통찰을 하기에 이른다. "일생도/하루를 사는 일과 같"다는 인식에 이르렀기 때문이다. 요양원의 환자들은 노인들이다. 노인들도 한때는 씨앗과 같은 존재였지만 어느 순간 노인이 되어 요양원에 남은 생을 의지하고 있음인데, 누구나 언젠가는 삶을 마감하기 마련이지만, 죽음 가까이 다가서고 있는 휠체어로 상징되는 환자들의 모습에서 슬픔을 읽는다. 그러므로 화자는 "떠밀린 휠체어/나들이에/덜컹대는 심장소리 들린다."고 말하는 것이다. 휠체어의 주인 역시 "덜컹대는 심장소리"로 의미화된 삶의 의지를 드러내 보이고 있다.
「병실에서」 또한 요양원 환자의 일상을 노래한 작품이다.

> 넘어지고
> 엎어지고
> 자빠지고
> 일어나고
>
> 할매는 이 땅에서
> 이렇게 살았다
>
> 땅세 좋은 곳 지렁이
> 자갈밭 속 자갈의 심정
> 어이 알리
>
> 어제처럼
> 남은 내일을 위해
> 떨어지는 링거 방울
> 바라본다.
>
> - 「병실에서」 전문

 이 작품은 화자가 시적 대상이 아니라 병실에 있는 '할매'이다. 할매의 지나온 삶이 "넘어지고/엎어지고/자빠지고/일어나고" 역경과 이를 극복하는 세월이었음을 3인칭 시점으로 바라보고 있다. 이처럼 할매의 지난한 삶을 "땅세 좋은 곳 지렁이/자갈밭 속 자갈의 심정"을 누가 알겠는지를 묻는다. 할매를 '지렁이'와 '자갈 밭 속 자갈'로 비유한 것에서 짐작할 수 있듯이 할매가 병원에 와 있는 이유가 '넘어지면 다시 일어서는 의지'의 반복에서 몸이 상하였기 때문이다. 그러나 그러한 삶의 방식은 할매가 삶을 살아낸 힘으로 작용했을 것이다. 이제 병실에서 자신의 몸에 "떨어지는 링거 방울/바라"보는 처지이지만 "어제처럼/남은 내일을 위해" 살아가고자 한다.

시적 대상을 바라보는 화자의 시선이 '할매'의 삶을 투시하고 있는 것은 병원을 찾은 많은 사람들의 삶의 과정과 방식을 이해하기 때문이다. 그러므로 화자는 시적대상인 할매의 미래를 예견할 수 있는 것으로 열심히 살아온 노년의 환자에 대한 연민이 스며있다.

「퇴원 채비」는 병원에서 마주하는 환자의 죽음을 통해 인간의 유한한 삶의 의미를 다시 한번 되새긴다.

> 퇴원 한단다, 요양원으로
> 산소포화도 70% !!
> 자극에 대한 반응? 사알짝
> 말이 되지 않는 "말" 퇴원?
> 갸우뚱대는 머리를 똑바로
> 그래도 갸우뚱

근무 인계를 받다
○○○씨 어쩌고 저쩌고
근무인계 중이다
○○○씨 가신 것 같아요
퇴원 채비인가

홀로 잠든 섬처럼
파도소리 요동친다

핏기 사라진 영혼조차
이상하게도 섧다
정리되지 않은 靈肉
삶을 떠나는 그대여
어제와 오늘 사이일 뿐.

-「퇴원 채비」 전문

  서정시는 삶의 여러 모습을 통해 인간의 존재에 대해 깊이 천착하는 문학양식이다. 그러므로 삶이 마감되는 죽음 앞에서 삶의 본질을 투시하게 된다. 요양병원에 입원한 환자의 죽음을 목격 확인하는 과정을 형상화시킨 이 작품은 파문 이는 화자의 감정을 "홀로 잠든 섬처럼/파도소리 요동친다"고 하며 자주 대하는 타자의 죽음이지만 매번 낯설다. 요양병원에서 요양원으로 퇴원하려는 환자의 산소포화도가 70%를 확인한다. 산소포화도 70%이면 위험

한 수치이다. 화자는 "핏기 사라진 영혼"으로 상징된 환자를 바라보며 슬픔의 감정에 휩싸인다. 아직 이승에서의 삶을 정리할 것이 많은 환자의 죽음에서 화자는 "어제와 오늘 사이일 뿐."이라고, 지극히 짧은 것이 인간의 삶이라는 인식을 하게 된다. 영원에 비춰볼 때 찰라와 같은 시간을 머무르다 가는 존재의 슬픔이 읽혀진다.

이 작품의 시제가 '퇴원 채비'인 것은 애초에 요양병원에서 퇴원하여 요양원으로 가고자 했던 시적 대상이 요양원에 가지 못하고 삶을 마감하는 상황을 '퇴원'이라고 할 수밖에 없는 슬픔이 되고 말았다. 이렇게 말할 수밖에 없는 시인의 슬픔이 이 작품의 배면에 짙게 드리워 있다.

오해옥 시인의 생활의 현장인 요양병원에서 벌어지는 모습은 지극히 일상적인 것이다. 그러나 생명을 지닌 존재들이 일생에서 단 한 번 뿐인 죽음은 일상이 될 수 없다.

이 밖에 일상이면서도 누군가에게는 특별한 정서적 사건들의 현장인 요양병원의 모습은 다양하게 형상화시켰다. 「찰지다」에서는 기억을 잃어버린 치매 환자에게서 인간이 지닌 상식을 놓아 본능만 남아있는 인간의 모습을 그렸다. 「돌다」에서는 이석증 환자의 고통을, 「견뎌낸 아침」은 전염병으로 자식을 잃은 사람들의 비탄과 슬픔을, 그리고 「코로나 동침」은 코로나에 감염된 사람의 불안의식과 더불어 코로나를 "어차피 맞닥뜨리게 한/지구의 숙제"라 하여 인간의 탐욕으로 배태한 질병을 어떻게 극복할 것인지, 삶의 방식에 대한 근원적인 성찰을 모색하고 있다.

3.
오늘날 기술자본문명은 유사 이래 최첨단으로 치닫고 있다. 전인미답의 우주를 향해 욕망을 펼쳐가고 있고 편리와 이익을 도모하는 AI는 통제불능으로 오히려 인류의 멸망을 가져올지도 모르는 희망과 불안한 미래를 예고한다. 이처럼 여러 가지로 도전받고 도전하고 있는 인류는 그럼에도 욕망을 포기하지 않는다. 이러한 시점에 오해옥 시인은 인간의 생명성을 자연과 인간의 원초적인 모습에서 그 대안을 모색하고 있다.

> 들락거리는 어미 새
> 우체부 다녀가지 않은 적막 공간에
> 다섯 개의 알 낳았다
> 그날 이후
> 무거운 소포라도 던져 놓을까
> "새집입니다", 포스트잇으로
> 우체통 입구를 가로 막았다

집 짓는 새보다 장보러 간
소리개가 무섭다고
어미새 부부 행여 알 훔쳐 갈까 봐
가까운 전봇대 위에 올라 망을 보니
오늘 아침 우체통 틈새로 노란 주둥이들
갓 핀 개나리꽃처럼 벌렸다

소식 없던 우체통은 그대로인데
새 소리 알림은 방전 직전의 휴대폰
열어보니 당차게도
손자의 첫걸음마 동영상이다.

- 「비상 준비」 전문

  우체통 안에 새가 다섯 개의 알을 낳았다. 화자는 우체부가 소포를 우체통에 넣으면 새알이 다칠까 봐 "포스트잇으로/우체통 입구"에 '새집입니다'라고 써서 붙여놓았다. 그러자 "어미새 부부 행여 알 훔쳐 갈까 봐/가까운 전봇대 위에 올라" 소리개를 감시한다.
  이 작품에서는 두 가지의 상황이 펼쳐지고 있다. 포스트잇에 '새집입니다'라고 써서 우체통에 새가 살고 있음을 알림으로 해서 혹시라도 우체부가 소포를 새집 안에 넣을 수도 있는 사고를 방지하게 위한 생명을 보호하고자 하는 것과 하늘을 날며 호시탐탐 새집을 표적으로 삼는 소리개로부터 알을 지키려는 어미새부부의 모습이 그것이다. 인간과 자연의 생명에의 경외심을 보여주는 마음들이 곧 태어날 새끼새를 지켜주고 있다. 그러자 "오늘 아침 우체통 틈새로 노란 주둥이들/갓 핀 개나리꽃처럼 벌렸다". 마침내 알에서 부화한 새로운 생명들이 온전하게 태어난 것이다. 우체통에서 새가 알을 낳고 부화하는 동안 우체통을 사용하지 못해 소식을 듣지 못했는데 휴대폰에 "손자의 첫걸음마 동영상"이 전해온다.

이 작품은 생명을 지키려는 인간과 자연의 숭고한 노력이 결실을 맺는다는 따스한 메시지를 전한다. "방전 직전의 휴대폰"으로 상징된 생명의 위태로움을 "손자의 첫걸음마"로 위기를 극복했음을 암시하고 있다. 이처럼 서정시는 적절한 비유를 통해 주제를 강조할 때 메시지가 강화된다.

시인의 동물의 생명성을 노래한 앞의 작품과 더불어 식물의 생명성에도 관심을 보인다.

> 서리 오기 전 파랑 보라 분홍 나팔꽃들
> 줄기의 남은 진액을 빨고 있다
> 더 찬란한 치맛자락 바람 따라 흔들어
> 틈나면 울타리 기어올라 겉치레한 얼굴 벙긋
> 머지않아 너의 화냥기 꺼먼 눈알이 될 걸
> 덜그럭 의치소리 낼 걸 나는 알지
> 배배꼬여 껴안는 하늘 외줄 타는 링거로

촉촉하게 적신 물 마른 대궁이

나팔꽃 말라 비틀어져 바람에 흩날릴 때까지
시끄럽다.
개똥밭에 굴러도 이승이 좋다고

- 「나팔꽃」 전문

  이 작품은 구조적으로 비교를 통해 상호작용을 묘파하고 있어 짧은 형식이지만 단조롭지 않다. "서리 오기 전" 생명활동을 왕성하게 할 수 있는 시기에 "파랑 보라 분홍 나팔꽃들" 아름답게 피운다. "더 찬란한 치맛자락 바람 따라 흔들"기도 한다. 그런데 "머지 않"은 때에 '서리 내리면' '화냥기'도 '꺼먼 눈알'이 될 것이라고 한다. '화냥기'는 울긋불긋한 꽃들과 치맛자락이 보여주는 왕성한 생명력을 나타내고 '꺼먼 눈알'은 새로운 생명의 씨앗으로 미래의 화냥기를 배태하고 있다. 여기에서 "덜그럭 의치소리"는 서리 맞아 잎과 줄기가 말라버린 상태를 말한다. 그리고 "배배꼬여 껴안는 하늘 외줄 타는 링거"는 서리 맞아 죽은 메마른 줄기를 의미한다. 이처럼 이 작품은 '생명'과 '죽음'을 명징한 비유를 통해 생명성의 이미지를 선명하게 하는 효과를 얻고 있다.

  「고무나무 사람·2」은 고무나구와 당뇨로 다리를 절단한 여자를 비유하며 생명성을 형상화시킨 작품이다.

불 안 붙인
담배 한 개비 꺼내 문 여자
엘리베이터 앞에 외발로 서있다
어딜 가려는지 안 봐도 안다
수인사 나누기 전
반쪽이 말라버린 고무나무
간병사는 마사토를 쏟아
죽은 뿌리를 잘라낸다

당뇨로 한 다리 절단한 여자
심통은 그저 담배 한 개비 꺼내 무는 것
엘리베이터를 타고
사라진 다리를 찾으러 간다고

태어남과 돌아감이 한 곡선
화분에서 헐거워진 고무나무 이마를
쓰다듬고 있다.

- 「고무나무 사람 · 2」 전문

   서정시는 보다 적확한 이미지와 비유를 통해 주제가 구체화된다. 엘리베이터 앞에 "반쪽이 말라버린 고무나무", "화분에서 헐거워진 고무나무"는 시각이미지로 그려낸 죽어가는 고무나무이다. 화자는 단순하게 말라버린 고무나무를 말하고자 하지 않는다. '당뇨로 다리를 절단한 여자'의 절망과 더불어

동일성에 아프게 다가가고자 한다. 한쪽 다리를 잃은 여자는 무척 절망에 빠져 상심하여 "그저 담배 한 개비 꺼내 무는 것"이 심통부리는 것으로 "엘리베이터를 타고/사라진 다리를 찾으러 간다고" 한다. 현실적으로 불가능한 일이지만 마음을 가눌 수 없기 때문에 이상행동을 하는 것이다. 이러한 시적 전개의 한켠에서 간병사가 엘리베이터 앞에 놓여있는 화분의 죽어가는 고무나무의 마사토를 쏟아내고 죽은 뿌리를 잘라낸다. 그래야만 고무나무를 살려낼 수 있는 것이다. 이렇듯 이 작품은 반쪽이 말라버린 고무나무와 한쪽 다리를 절단한 여자를 '반쪽이 말라버린' '한쪽 다리를 절단한' 상태로 배치하여 '불구'라는 동일성에 이르게 하여 생명의 아픔을 강조하고 있다.

이밖에 생명성을 노래한 시편 「붉은 옷」은 배롱나무의 붉은꽃을 "창백한 하늘에게/땅이 올리는 피"를 바침으로써 창백한 하늘에게 수혈하는 의식으로 노래하고, 「용추곡」에서는 "지나가는 나그네에게/아양질 눈길 보내볼까"라고 형상화하여 원초적인 생명성을 그렸다. 「어느 꽃」에서는 "도도함도/오만도/아름답다"며 "솜털 날려 날아"올라 생명을 지키고자 하는 작은 꽃의 생존본능을, 「끼니」에서는 "배꼽 도려내어" 번식하는 감자를 "예수의 갈비를 닮았다"며 생명성을 진정성 있게 그렸다.

4.

많은 시인들이 가족사, 또는 가족애를 펼쳐보이는 시를 쓴다. 시인 자신의 이야기가 가장 절실할 때 진정성 있는 시적 정서를 유발하는 까닭이다. 이러한 시편들은 대부분 아프기도 하지만 가족에 대한 지극한 사랑의 발로에서 시적 발화를 한다. 오해옥 시인의 가족사와 가족애를 드러낸 시편에서는 그리움과 애틋함의 정서가 대부분이다.

> 어릴 적 할머니 심부름 이야기
> 10km 걸어가면 술도가酒都家가 있었다
> "경주댁"은 울할머니
> 도갓집 할머니 택호
> 푹 익은 노각 절반으로 잘라 씨를 오려내고
> 긴요한 편짓글 적어 넣고
> 뚜껑 닫아 무명실로 동여매어
> 도갓댁에 전하는 심부름
> 신작로 돌멩이 차며 한나절을 갔지
>
> 답글과 함께 박하사탕 몇 알 빨며
> 되돌아오는 길은 금방이었다
> 경주댁을 오가며 우체부 역할했다
> 편짓글의 내용은 모른다
> 알려고도 하지 않는다
> ─「경주댁 할머니」 전문

어릴 적 할머니의 심부름에 관한 이 작품은 할머니와 아버지로부터 전해들은 이야기일 것이다. 할머니의 택호는 '경주댁'으로 유년시절 "푹 익은 노각 절반으로 잘라 씨를 오려내고/긴요한 편짓글 적어 넣고/뚜껑 달아 무명실로 동여" 술도가[酒都家]에 전하러 갔다. 한나절이나 걸어가는 먼 길을 혼자 가는 심부름은 심심하기도 하였을 것이다. 그러므로 돌멩이 차며 갔다고 한다. 어린 나이에 먼 길을 가는 일은 무료하기도 했겠지만 "돌멩이 차며" 가는 길은 불만의 표시로도 해석할 여지가 있다. 술도가와 편짓글을 주고 받는 관계라면 그 시절 화자의 집안 역시 부유한 집이었을 것으로 짐작된다. 편짓글을 전하고 그 자리에서 답글을 받아 되돌아오는 길은 금방이었다고 하는 것은 "박하사탕 몇 알" 얻어먹었기 때문이다. 심부름 가는 길과 되돌아오는 길의 감정이 전혀 다르게 전해진다. 할머니의 소녓적 모습이 천진난만하게 그려진 이 작품에서 "편짓글의 내용은 모른다/알려고도 하지 않는다"라는 대목에서 더욱 순진하고 순수한 어린 할머니의 모습이 느껴진다.

「하루」는 어머니와 시인, 그리고 손주 등 3대가 살아가는 현재를 그린 작품이다.

엄마는 오늘 등급을 받았다
"노치원 합격증"

작아지는 엄마
커지는 손주

생각을 키우는 손주
떠나는 생각을 잡는 엄마

손주는 미래가 있고
엄마는 오늘만 있을 수 있지

손주 유치원 데려다주고
울엄마 노치원 모셔다 드렸다

난, 바쁘고 맛있는 샌드위치다.
- 「하루」 전문

 화자이기도 한 시인의 처지를 샌드위치로 표현하고 있다. 샌드위치는 흔히 위아래 중간에 낀 상태를 말한다. 유치원의 반대 개념인 노치원생인 엄마와 유치원생인 손주 사이에서 "손주 유치원 데려다주고/울엄마 노치원 모셔다 드렸다"는 진술에서 보다 싶이 부모와 손주를 돌보는 화자의 처지를 "난, 바쁘고 맛있는 샌드위치다."라고 기꺼이 받아들이고 있다. 그런데 "노치원 합격증"을 받아든 "작아지는 엄마", "떠나는 생각을 잡는 엄마"는 삶이 위축되고 이별이 가까워지고 있는 존재로 인식되고 있으며, "커지는 손주"는 "생각을 키우는" "미래가 있"는 존재로 인식되고 있다. 이 작품은 가족애만을 드러내는 것이 아니라 인간의 생로병사의 과정을 깨닫게 하고 있어 의미가 깊다. 이처럼 서정시는 일상의 소소한 정서적 사건들을 통해 존재의 처지를 인식시키며 "난, 바쁘고 맛있는 샌드위치"에서 보듯 인간다운 가치를 발견했을 때 더욱 높은 지점의 의미를 지닌다.

다음의 「달, 참 밝다」는 시인이 자신의 유년의 한 대목을 캡처하여 행복하면서도 즐거운 한때를 아름다운 그림으로 그려냈다.

물 찬 놈
알 찬 놈
한 움큼 잡힌 고놈들

볶은 놈, 삶은 놈
인생 맛 모르는 생콩
그래도 콩,콩,콩

쥔장어른 초저녁 잠 틈새
달밤 콩서리
고소함도 짜릿함도

한 때의 노략질

   어릴 적 조무래기 동무들
   그리워지는 밤
   콩 익는 소리
   수수 잎 비비는 소리
   추억들 꺼내보는 밤

   달, 참 밝다.
   　　　　　　　　　　　－「달, 참 밝다」 전문

 서정시에서 언어선택은 작품의 정서를 특별하게 변화시키는 힘이 있다. 이는 서정시가 '사상'과 더불어 '정서'의 등가물이기 때문이다. "물 찬 놈/알 찬 놈/한 움큼 잡힌 고놈들" "볶은 놈, 삶은 놈"에서 의존명사 '놈'은 본래 남자를 낮추어 부르는 말, 남자아이를 귀엽게 부르는 말로 쓰인다. 그런데 이 작품에서 '콩'을 '놈'이라고 부른다. 사람에게만 붙이는 '놈'을 시작품에서 구사함으로써 낯선 느낌을 불러일으킨다. 콩을 의인화했기 때문인데, 이렇듯 시적 정서를 환기시키는데 일조하는 것을 "인생 맛 모르는 생콩"이라며 화자와 어린 동무들을 호칭하였기 때문이다. 즉 콩과 콩서리를 하는 아이들을 동일화시킴으로써 '놈'이라는 의존명사가 귀여움의 의미를 함께 지닌다.

주인이 잠든 사이 달밤에 콩서리의 즐거움을 노래하고 있다. 특히 이 작품은 시적 언어를 잘 구사하고, 시의 운율을 살리고 있어 잘 읽히는 효과를 거두고 있다. 달이 밝은 날이면 유년의 동무들이 그리워 추억하며 "콩 익는 소리/수수 잎 비비는 소리"를 듣는다.

가족사와 가족애, 그리고 유년을 주제로 한 시편들에서 「다람쥐 이야기」는 시집살이와 종부로 장하게 살아낸 어머니의 삶에서 전통적인 여성성을 형상화시켰다. 「조부님, 돌아오시다」는 근현대사의 질곡을 고스란히 받아낸 가족사로 조부님의 제삿날 조부님과 함께 돌아온 가족사의 주인공들을 호명하며 옛일을 현현한다. 「생각 자라다」는 아직 말이 서툰 손주의 원초적인 세계와 사물에 대한 인식의 태도에 성장하는 손주를 대견스럽게 바라보는 화자의 시선이 따스하다.

달, 참 밝다

2024년 7월 25일 인쇄
2024년 7월 30일 발행

지은이 오해옥

펴낸이 강경호 편집장 강나루 디자인 정찬애
펴낸곳 도서출판 시와사람
등록 1994년 6월 10일 제 05-01-0155호
주소 광주시 동구 양림로 119번길 21-1(학동)
전화 (062)224-5319 E-mail jcapoet@hanmail.net

ISBN 978-89-5665-728-8 03810

공급처 ■ 한국출판협동조합
경기도 파주시 탄현면 오금로 30
주문전화 (02)716- 5616, 070- 7119- 1740

· 잘못된 책은 구입하신 서점에서 바꾸어 드립니다.

이 도서의 국립중앙도서관 출판예정도서목록(CIP)은
서지정보유통지원시스템 홈페이지(http://seoji.nl.go.kr)와
국가자료종합목록 구축시스템(http://kolis-net.nl.go.kr)에서
이용할 수 있습니다.